푸른사상
시선

11

어둠의 얼굴

김 석 환 시집

푸른사상 시선 11
어둠의 얼굴

인쇄 2011년 9월 24일 | 발행 2011년 9월 29일

지은이 · 김석환
펴낸이 · 한봉숙
주간 · 맹문재 | 편집 · 김재호 | 마케팅 · 이철로

펴낸곳 · 푸른사상사
등록   제2-2876호
주소   서울시 중구 초동 42번지 아시아미디어타워 502호
대표전화   02) 2268-8706(7) | 팩시밀리   02) 2268-8708
메일   prun21c@yahoo.co.kr / prun21c@hanmail.net
홈페이지   www.prun21c.com

ⓒ 김석환, 2011

ISBN 978-89-5640-857-6 03810
ISBN 978-89-5640-765-4 04810 (세트)

값 8,000원

☞ 저자와의 합의에 의해 인지는 생략합니다.
   e-CIP 홈페이지(http://www.nl.go.kr/cip.php)에서 이용하실 수 있습니다.
   (CIP제어번호 : CIP2011004029)

어둠의 얼굴

| 시인의 말 |

말은 사라지고
— 서시를 대신하여

   말,하고 부르면 말은 오히려 안개 속으로 까마득히 사라지고 말,만 남네 열 손가락 끝에 신경을 모아 말의 살과 피 냄새마저 발라 버리네 잘 마른 ㅁ/ㅏ/ㄹ 가죽을 마름질하고 털을 꼬아 멀리 두고 온 우물을 찾아 가네 물 밑에 어른거리는 내 그림자 발자국 웃음소리 눈물을 낚아 올리네 가죽에 그것들의 문양을 곱게 찍어 집을 짓네 늘 두근거리는 내 심장을 꺼내어 그 집 안방에 눕히네 썩지 않도록 바람이 드나들 작은 창문 하나 뚫어놓네 눈 밝은 별이 내려와 함께 자고 가기도 하겠네

| 차례 |

■ 시인의 말

제1부

13　　무화과
14　　고등어조림
16　　가을 암구호
18　　나무 연가
20　　봉선화와 무당거미
21　　흑점
22　　입춘, 어떤 밀애
24　　처서 지나자
26　　카페 '시와 추억'
28　　습관
29　　바위의 잠
30　　부재중
32　　옥수수 밭 옆길을 걷다
33　　워낭 소리
34　　한여름 출근길
35　　어떤 순교
36　　천상초(天上草)
38　　장외 홈런

| 시인의 말 |

말은 사라지고
— 서시를 대신하여

   말,하고 부르면 말은 오히려 안개 속으로 까마득히 사라지고 말,만 남네 열 손가락 끝에 신경을 모아 말의 살과 피 냄새마저 발라 버리네 잘 마른 ㅁ/ㅏ/ㄹ 가죽을 마름질하고 털을 꼬아 멀리 두고 온 우물을 찾아 가네 물 밑에 어른거리는 내 그림자 발자국 웃음소리 눈물을 낚아 올리네 가죽에 그것들의 문양을 곱게 찍어 집을 짓네 늘 두근거리는 내 심장을 꺼내어 그 집 안방에 눕히네 썩지 않도록 바람이 드나들 작은 창문 하나 뚫어놓네 눈 밝은 별이 내려와 함께 자고 가기도 하겠네

| 차례 |

■ 시인의 말

제1부

13　　무화과
14　　고등어조림
16　　가을 암구호
18　　나무 연가
20　　봉선화와 무당거미
21　　흑점
22　　입춘, 어떤 밀애
24　　처서 지나자
26　　카페 '시와 추억'
28　　습관
29　　바위의 잠
30　　부재중
32　　옥수수 밭 옆길을 걷다
33　　워낭 소리
34　　한여름 출근길
35　　어떤 순교
36　　천상초(天上草)
38　　장외 홈런

| 어둠의 얼굴 |

40　　개나리 시집
42　　그 얼굴
43　　어둠에게
44　　절정
45　　원고 정리

| 차례 |

제2부

49　　변방에서
50　　실소(失笑)
51　　하늘공원
52　　장마, 그 이후
54　　회귀
56　　어떤 소멸
57　　감전
58　　나무들의 풍장
60　　상수리나무 그늘을 지나며
62　　밤골 자동음료판매기
63　　새벽 약수터에서
64　　밤골 사투리
66　　눈꽃
67　　양동역
68　　목백일홍 한 그루가
70　　겨울 난생 신화
72　　사추기(思秋期)
74　　냄비를 닦는다
76　　밤낚시

| 어둠의 얼굴 |

제3부

79   칭다오(青島) 여담 · 1
81   칭다오 여담 · 2
83   칭다오 여담 · 3
85   칭다오 여담 · 4
87   칭다오 여담 · 5
89   칭다오 여담 · 6
91   칭다오 여담 · 7
93   칭다오 여담 · 8
95   칭다오 여담 · 9
97   칭다오 여담 · 10
98   칭다오 여담 · 11
99   칭다오 여담 · 12
101   칭다오 여담 · 13
102   칭다오 여담 · 14
104   칭다오 여담 · 15
105   칭다오 여담 · 16
107   칭다오 여담 · 17
108   칭다오 여담 · 18

| 차례 |

110 칭다오 여담 · 19
112 칭다오 여담 · 20
113 칭다오 여담 · 21
115 칭다오 여담 · 22

117 후기

제1부

무화과

벌 나비 한 마리 날아오지 않는
저주의 가지 끝
악성 혹처럼 매달린 천형의 몸
태풍이 흔들다 가고
불화살이 살을 찌르고
가끔 길 잃은 쓰르라미
외로움을 울어주다 갈 뿐
어느 동정녀 자궁 속 같은
망국의 궁궐 뒤뜰 같은
몸 안에 무성히 자라는 꽃술
그 무성의 내출혈
밤새 내린 이슬이 엿듣다 가고
별빛이 만삭의 배를 두드린다
꽃잎도 향기도 없는 무화과
이 낙인을 지워줄 것인가, 누가
힘껏 장대를 휘둘러
온몸이 산산이 망가진 채
흙에 묻혀 썩게 할 것인가
깊어지는 이 만성 속앓이

고등어조림

지느러미 다 잘리고
꼬리 접고 내장 다 비우고
전기냄비 속에 누워 있다
말짱히 뜬 눈에 아직
수평선 위에 부서지던 별
초롱거린다 살이 익고
뼈가 익어 가면서
온몸으로 내쉬는 마지막 숨결
뚜껑을 밀어 올리는 그 뜨거운 힘
어디서 비롯된 것일까
마늘 고추 묵은 김치, 세파보다
매운 기운 뼈 속으로 파고든다
다비식 숯불보다 더 붉게
익어 가며 풀어지는
고등어의 종말
아침 식탁, 그 최후의
최초의 만찬 상으로 한 치씩
금빛 햇살을 불러들인다

실내 가득 번지며 출렁이는

두고 온 만 바다의 비밀

비로소 머리를 편히 눕힌다

가을 암구호

길가에 구르는 알밤 한 톨
가을이 꽤나 무겁다
껍질을 까자 짐짓 놀라
꼼지락대는 애벌레
버려진 어느 것 하나
내 것이 아니다
곱던 꽃 떨어져 어디로 갔을까
빈 꽃대에 머물다
날아오른 고추잠자리 떼
어느 구름에 깃들어
구름이 되어 흐를까
이정표를 더듬는 햇살이 어지럽다
돌뿐인 외진 등산로
뒤척이는 마른 낙엽
몰아가는 바람 소리
버릴 것도 채울 것도 없는
빈 배낭에 고이는데
— 개인 파산 · 회생 도와 드림

— 오래 묵은 빚 받아 드림
산자락에 선명한 주홍 글씨
어느 무너진 영혼을 위해
펄럭이는 암구호일까

나무 연가

이제 우리 밀애는
매듭을 짓고 다시 시작해야 한다고
건네 준 시집은 위조지폐처럼
낱낱이 폐기해야 한다고

연둣빛 입술 어지러운 향기
허리를 휘감던 푸른 그늘
모두 허사(虛辭)였다고

낙엽을 떨어내는 나무들
단단한 침묵을
무모하게 쪼아대는 딱따구리

말들의 주검 즐비한 숲길
금방 반란군이라고 출현할 것 같은
고요를 흔드는데

나무는 완강하다

가슴 깊이 들어와 살며

하늘 흑판에 돋는 이국의 상형문자

숲의 에스페란토어를

함께 익혀야 한다고

봉선화와 무당거미

 봉황새 깃털처럼 고운 봉선화 꽃잎 뒤에 그 많은 살의를 숨겨 두었을까 한여름 내내 꽃 숲에 거미줄 엮어 걸어 두고 밤새 맺히는 은빛 밀어 헤아리던 무당거미 한 마리 날카로운 초가을 햇살에 찔려 씨방 터지자 날아오는 씨앗들에 놀라 뒷걸음치다 아예 참수대에 스스로 목을 들이미는 순교자처럼 거미줄 한가운데로 기어든다 정조준하여 백발백중 맞혀 달라 숨을 죽인다 죽어서 꽃그늘 진하던 뿌리 아래 묻히리라 봉선화 꽃으로 피어나 하늘로 훨훨 날아오르리라 먼 어제와 광활한 내일을 섞어 빚은 그 단단한 부비트랩 씨방 산탄이 날아오는 쪽으로 더듬이를 세운다

 낮달 한 척
 돛폭 펄럭이며 다가와
 어서 떠나자
 항로도 모르면서
 뱃머리를 들이민다
 거미줄 포구
 비로소 가득해진다

흑점

 전자 침을 쏘아 얼굴에 오래 자란 흑점을 빼 주던 성형외과 의사 시력이 의심스럽다 시술실에서 나와 참던 오줌을 쏟아낸다 세면대 위 거울이 걸려 있던 자리 곰팡균 번식한 검은 얼룩무늬, 빛과 어둠은 늘 적대관계인가 양복 단추를 잠가 간단히 어둠을 봉합하고 병원 문을 나서면

앞마당에 만개한 목백일홍 꽃
그늘 깊어지는 정오
부시게 내리꽂히는
햇살의 뿌리는
태양의 흑점 혹은
달의 뒷면

입춘, 어떤 밀애

아직 시린 달빛에 살얼음이
풀린다 처녀 귀신이 산다는
연못 둘레를 서성이며 겨우내
못다 부른 누구의 노래
대신 불러 주던 미루나무
거꾸로 잠긴 제 그림자를 옮긴다
정면으로 달을 맞이하리라
불덩이에 온몸을 던지리라
묵은 빨래처럼 얼음장 아래 감추어 둔
뉘우침과 기다림의 흔적을 지운다
그 미동에 놀라 멈칫거리던 달
휴, 참던 입김을 토해 놓는다
못물 깊이 불러 들어간
산짐승 아가들의 삭은 뼈들
울음소리가 이제 물관을 타고
오를 거라고 가지 끝마다
연둣빛 혀가 돋아날 거라고
숨죽이며 다가서는 달

발자국 소리에 이는 물무늬

수장된 시간의 굴곡들을

지켜보다 당황한 산

뿌리부터 이마까지 흔들린다

처서 지나자

어디 아픈 데 있다는 듯 소란하던
말매미 울음 이미 그치다
아파트 관리실에서 드디어
온수를 공급하기 시작한다는 소식
장판에 화석처럼 식어 있던
장미꽃 사방연속 무늬
뒤늦게 부푼다 보일러 관을 타고
흘러드는 물소리에
꾹꾹, 원고지 행간을 거슬러 올라가
낯선 나루터에 배를 부리고
물줄기의 발원지
협곡으로 들어서는 사공
폐광 막장엔 금맥이 아직
남아 있는 걸까 박쥐 떼 짝짓는 소리
칼 융 서재 뒷마당에서
달 그늘 갉아 먹는 두꺼비 울음
원고지 뒷면
방바닥 속으로 흐르는데

연필 끝이 떨린다

어깨가 저리다

카페 '시와 추억'

시/추억, 얼굴이 전혀 다른데
실은 아주 가까운 사이다
와, 한 음절에 서로 한 발씩 함께 걸치고
모자나 연인처럼 손잡고 있는 입간판

대청댐 굽어보며 산중턱에 새로 터 잡은
수몰지구 이주민 마을
맨 위에 초소 또는 적소 같이
엎드린 통나무집 한 채

마당귀에 전리품인 듯
증거물인 듯 진열해 놓은 질독들
깨지고 갈라진 상처
비집고 바람이 새어 들어와
가끔 짐승처럼 운다

골목길은 뿌리처럼 뻗어 내려
옛집 문지방을 기웃거리나 보다

미처 챙겨 오지 못한
땅강아지 손거울 일기장 애기똥풀
꽃고무 신사진첩 다듬이 방망이……
그 잡동사니들 곰삭아

물안개로 피어나 길을 더듬어
올라와 마을을 습격한다 자주
자동감지기에 스며들어 어둠보다 먼저
카페 처마 끝 외등을 컨다

오징어덮밥을 주문하여
전설바다에 출렁이는 밤물결
지용의 향수 한 가락 섞어 비벼 먹고
유리잔에 반달을 우려 마시는 카페 시와 추억

추억이 없어 빈 질독처럼 허기진 나그네
잠시 속도를 줄이고 37번 포장도로
벗어나, 물안개 초소에 들러 볼 일이다

습관

태풍의 눈이 북상하는지, 발신자도 모르는
전화벨이 몇 번 울리다 그친 자정
너머 아파트 놀이터에 나가

고흐네 해바라기 밭에 들어가 서성대다가 몰래
종지기 아동문학가 권정생
비좁은 사택, 댓돌 위 낡은 신발이나
신어보다가, 변방지기 두보 씨 높은 망대를 넘보다

도둑고양이 눈에 푸른 불 켜고
쓰레기 봉지를 뒤지는 소리에, 앗!
현금도 카드도 신분증도 운전 면허증도 영수증도
열쇠 꾸러미도 명함도 모두 무사하구나

옥상 위에서 좀별들도 푸른 불 켜고
내 호주머니 속을 들여다보고 있다

무엇을 잃었느냐고 찾고 있느냐고
정말 무사하냐고

바위의 잠

누가 산을 지키고 가꾸는지
태풍 폭우로 외딴 산장 무너지고
산지기도 하산한 초가을 산중
산사태로 몰골을 반쯤 드러낸 채
산비탈에 박힌 바위 보면 알겠다
이목구비 다 뭉개진 신원미상의 미라
소나무 뿌리 탯줄인 양 품고 있다
온전히 숨어 사는 게 완전범죄만큼이나
어렵다고 구름 그림자 끌어다 덮는다
다 닳은 그 무릎 아래 굼벵이 적
깃들어 살던 매미 떼, 여름 내내
땅 속 비밀을 다 풀어 놓고
어디로 갔을까 출렁이는 참나무
목마 태운 채 여기가 숲의 배꼽
우주의 중심이라고 엎드리는 바위
두드리면 북소리 들릴 듯
깊은 잠 깰세라 다람쥐가 햇살
몇 알 물어다 곁에 묻어 두고
급히 꼬리를 감춘다

부재중
— 지용 시인 생가에서

북녘에도 없고

남녘에도 없고

생가에도 없고

기념관을 지키는 지용 동상

신경통* 앓는 어깨 위에

겹눈을 두리번거리는 고추잠자리

지친 날개에 실려 온

가을 햇살 한 묶음

마당 한구석 감나무

가지 헤집어 땡감 물들인다

지용은 일찍 돌아가고

참새들만 남아 나머지 공부하는

모교 죽향초등학교

교무실 캐비넷 속에

학적부 잔글씨, 송사리

떼를 짓는 실개천

— 그곳이 참하 꿈엔들 잊힐리야**

지줄대는 물소리에

웃자란 돌미나리

* 이화여전 재직 시절 지용 시인의 별명이 '신경통'이었다고 한다.
** "그곳이 참하 꿈엔들 잊힐리야", "지줄대는"은 지용의 시 「향수」에서 인용.

옥수수 밭 옆길을 걷다

태풍 지난 후
중랑천 둔치에 나가
옥수수 밭 옆길 걷는다
증손자 업고 마당을 맴도는
팔순 할머니, 골다공증 허리를 펴
허공에 흐르는 흰 구름
몇 점 걷어내고 있다
일제 때 징용 간 맏이
6·25 때 북으로 끌려 간 막내
기다리며 눈물 몇 알 심어
가꾸던 그 마당 한 구석
백 년 붙박인 감나무 한 그루
가지마다 노을이 맺혀 영글고 있다
자식 며느리 앞세워 보내고
성긴 흰 머리칼 바람에 날리며
무거운 한 생애
추스르며 부르는 목쉰 자장가
바람이 지날 때마다
한 소절씩 서걱인다

워낭 소리

한밤 내내 매미 울음 소란하더니
베란다에 밀쳐 둔
춘란 한 촉 돋는다

가끔 여우가 내려오기도 한다는
그 산 그늘에 소 뜯기던 조무래기들
고삐 아예 던져두고 감자 서리하는데
해는 몰래 서산을 넘고
눈 큰 소들만 먼저
어둑어둑 제 발자국 더듬어
저희끼리 집 찾아 가고
바위틈 옹달샘에 어리둥절
조무래기 별자리, 딸랑딸랑
워낭 소리, 골짜기 접어드는
엄마 아빠 횃불 빛에

성묘 가서 캐온 춘란
잠 깨어 안테나 올린다

한여름 출근길

계란 판 가득 실은 트럭
하얀 국화 화환을 실은 장의사 버스
내부순환로를 따라 나란히 달린다
생(生)과 사(死)가 저렇게 평등하고
친근한 것일까
차로를 바꾸어 가속 페달을 밟는다
길이 속도를 이끌고 속도가 차를 이끌고
룸미러 속에서 눈을 찡긋거리는
못난이 인형
차들이 뭉게뭉게 터널로 빨려 들어가자
서둘러 산정을 넘어가는 뭉게구름
길이 다 끝나는 서편 하늘엔 오늘 저녁
노을이 붉게 타리라
아직은 한여름, 생의 절정이라고
아파트 울타리에 흐드러진 덩굴장미
무인 자동 카메라가 줄을 잇는 생과
사의 속도를 빤히 지켜보고

어떤 순교

계시록 한 장을 읊으며 함박눈
내려 쌓이는 겨울 아침
식탁 위 유리컵에 꽂아 둔
허리 꺾인 진달래 마른 가지
철없이 꽃눈을 연다
시린 은수저를 잡다 말고 기도하는
내 손가락을 헤아린다
손톱 밑 까만 때를 보고
빙그레 웃고 있다
홀연히 밝아지는 실내
가득 흐르는 성급한 봄
낫날에 잘려 가 아궁이에서 불꽃
피우고 재가 되어버린 조상들
잘라도 다시 부활하는 질긴 혈통
겨우내 눈바람에 떨던 깡마른 뼈
마디마다 유언처럼 숨겨둔 뜨거운 피
다 비우고 시들어 떨어지리라
서둘러 개화하는 향기로운 순교

천상초(天上草)

속을 비운 그녀들 본적을 모르겠다
한 줌 흙을 움켜잡은 질긴 뿌리
그 지상의 인연을 두고
보이지 않는 누구와 눈을 맞춘다
등뼈도 날개도 없는 맨몸으로
비상 탈출을 꿈꾼다
겹유리 창문에 먼 나라 지도를
그려 주며 내리는 봄비
소리에 또 귓바퀴를 틔운다
S.O.S.S.O.S.S.O.S!
흐린 눈 깜박이며 구명줄도 없는 허공을
더듬어 오르는 여린 몸부림들
구급차 사이렌 멀어져 간 골목마다
위험 수위를 넘어 범람하는 어둠
속에 허위의 옷을 감추어 두고
S자형 알몸을 넘보는 나무꾼들
눈빛 붉게 끓는 밤
스치면 금속성 고음이 울릴 듯

팽팽히 키를 세우고

플라스틱 화분 속에 갇힌 긴 목들

이미 산 능선을 넘고 있다

장외 홈런

야구 중계방송을 보다가
깜박 잠이 들었다 깨다
달도 지고 조명도 꺼지고
하늘 전광판에 반짝이는 별뿐
순전히 미련한 나무들 때문이다
뜬공 땅볼 파울볼 삼진 아웃…… 끝에
9회말 역전 장외 홈런을 친 타자
굽은 등이 보인다
무수히 새를 날려 보내고
장외로 날아가는 새의
비거리를 지켜보는 나무
가지가 아직 떨고 있다
산 능선 너머 관중석에서
새를 낚아채려는 별들
돔구장 천정 두꺼운 먹구름을
뚫고 하늘로 날아오른 새들
푸른 혼들이 구멍 새새로
길어 내리고 있다

바위 타석을 밟고 선

외다리 타법의 나무

아픈 무릎 아래 흩어진 깃털

핏빛으로 물든 절망이

겹겹으로 쌓여 있다

개나리 시집

보안등은 해소 기침을 콜록거리며
연신 시린 안개를 토해 놓는다
실연당한 노총각 시인이 살던 방에
이미 등불도 꺼진 그린벨트 지역
별점이 용하다는 무당집 지붕에
빛바랜 깃발도 끝내 내려지고
무허가 집들 뒤 옹벽 틈에
개나리, 총총히 시어를 꿰어 매달고
실개천에 제 그림자 비추어본다
이게 아니야, 이게 아니야
물소리 재우며 지우고 또
지우고 톡! 떨어뜨리는 꽃송이
놀란 송사리 떼가 피우는 물무늬
그 중심을 겨냥하며 노란 별자리
대박이 터진 듯 쏟아져 내리는데
목줄 끊고 떠난 토종개들
어디서 개판을 치고 있으리라
봄마다 새로 펴내는 개정판

개나리 시집, 내재율을 깨우며

실개천은 흐르는데

그 얼굴

그는 아라비아 지하 벙커에 있지 않고 내 어금니 사이나 달팽이관 속에 숨어 산다 맹독 묻은 창을 품고 늑골 아래서 동면을 하다가 툭툭 발길질을 한다 해일처럼 넘쳐흘러 아무 울타리나 짓밟고 할퀴며 쏘다니다가 돌아오는 완전범죄자 그는 비무장 지대 너머에서 총부리를 겨누고 있지 않고 내 허파꽈리 속이나 발톱 밑에서 핵분열과 핵융합을 거듭한다 전철 안에서 졸고 있는 나를 뜨금뜨끔 깨운다 그는 나를 포박하여 천지사방 끌고 다니다 아침마다 거울 앞에 세운다 폐가처럼 무너뜨린다 키운다

내 주적이요 분신인 생면부지 그 얼굴

어둠에게

　길을 재촉하다가 짐짓 안주머니에 손을 넣어 보면 오래된 늪처럼 질척거리는, 한 움큼 꺼내자마자 손금만 남기고 손가락 사이를 빠져 홀연히 사라져 버리는, 지하도 곳곳에 잠복해 있다가 앞을 가로막는, 귀가하면 어느새 먼저 안방에 도착하여 기다리는 오랜 친구야, 난 네 얼굴을 아직 모른다 늘 뒷모습만 보여주며 화장실까지 앞장서는, 잠자리에 누우면 이불 속까지 따라와 함께 누워 잠드는, 승용차 안으로 내 등을 밀어 넣는, 백미러 속에 고여 있다 빤히 나를 노려보는 적군아, 네 질긴 근성을 이길 수 없다 늘 허기진 내 배 속으로 몰려들어 대장균처럼 빠르게 번식하는, 원색을 모두 숨기고 빛을 빛이게 하는, 나를 살찌우고 체온을 지켜 주는 기름진 일용할 양식아, 자다가 손을 뻗으면 늘 가까이에서 마주잡는 피할 길 없는 네 손, 한 번도 가 본 적 없는 너의 먼 고향으로 언젠가는 나를! 이끌고 갈

절정

아픈 곳이 많아서, 없어서
잠이 오질 않는다
창문이 가끔씩 흔들린다
누가 또 각혈을 하는가 보다
요절한 시인의 유고 시집
마지막 장을 덮는다
선 채로 잠이 든 은행나무
꼭대기에 꺼질 듯한 별자리
몰래 새순을 키워
허공을 기어오르던 나팔꽃
끝내 담을 넘어 꽃잎을
떨군다 이승에서 저승으로 가는
그 가벼운 날갯짓, 미완성
노래의 절정

원고 정리

마우스를 잡은 손아귀로 몰리는 살의(殺意)

벌써 몇 차례 시집 원고 독촉을 받다
한 걸음 더 내딛지 못하고 깜박이는 커서
겁 많은 군졸들을 발가벗겨 놓고
올라앉는다 깔아뭉갠다, 목에
올가미를 걸어 질질 끌고 다닌다 허공에
매달고 다연발 총구를 들이댄다

빤히 노려보는 활자들의 눈빛
12발 총성이 울린다
정조준을 하던 내가 먼저 푹! 쓰러
진다 모니터 화면, 검은 늪 속으로

제2부

변방에서

질경이 뿌리처럼 번식하는 어둠을
지키던 보안등, 기둥이 지구 자전축만큼
기울었다, 전철역까지는 오리 안팎인데
무수골에 들어선 바람은 느티나무 잎을
흔들다 푸르게 귀를 세우고 잠든다
우듬지에 벼락을 기다리는 녹슨 피뢰침
끝에 찔린 달, 비린내에 취한
맹꽁이들 주사가 흘러넘친다
경찰 순찰차가 느티나무 아래서
엔진을 식히다 돌아가고
기울어진 보안등 기둥
그림자 느린 보폭을 따라
무사히 돌고 있는 지구
발자국 소리에 잠이 깬
토종개 짓는 소리
특별시의 맹장 꼬리뼈를 지키는

실소(失笑)

흙먼지 푸석거리는 가문 날 양수리 산골
열 평 밭을 빌어 몇 차례 씨앗을
다시 뿌리다 내가 웃고
첫 수확을 하여 나눠주니
웃기게 생겼다 이웃들이 웃고
타이어 값이나 빼겠느냐 아내가 웃고
가계에 보탬이 되겠느냐 딸애가 웃고
시 창작 야외수업을 간 대학원생들
밭가에서 사진을 찍다 웃고
오이꽃 고추꽃 가지꽃 감자꽃은 지난밤에
개똥벌레 달빛 이슬 내리더라 하얗게 웃고
상치 쑥갓 열무 시금치는 뿌리 밑에
벌레들이 간지럽힌다 파랗게 웃고
개구리들이 숨어 시를 읊다가 웃고
구름이 흘러가다가 웃고

하늘공원

어느 잠 못 드는 혼이
깨어나 피우는 꽃
어느 하늘 깊이에서
내려 온 별자리
관리사무소 처마 끝에 매달린
백열등 깜박거리는 하늘공원
낡은 신발, 고장 난 벽시계, 구겨진 연서
그 버려진 시간의 껍질들이
억새풀로 살아나 제 봉분을
푸르게 덮어 가리고, 가끔씩
뒤척이며 거친 숨을 내뿜어
먼 하늘 길을 여닫는다
생사의 경계를 더듬거리던
새 떼가 잠시 쉬었다가는 난지도
한구석을 지키며 키가 자란
풍력 발전기 프로펠러
하늘로 날아오르다 멈춘 날개

장마, 그 이후

어느 먼 나라 제왕이 내린 칙서
내 진법으로는 다 헤아릴 수 없다
폭우 그친 아침 유리창에
맺힌 암호문, 최후 포고령처럼 사납던
천둥 번개에 혼절하던 가로수들
무사하다 벽시계에 갇힌 지상의 시간
태연히 가던 길을 간다
가까운 천왕봉이 아직 운무에 가려진
미궁의 아침에 방안을 기웃대는
맑은 겹눈의 음소들
장력을 잃으며 미끄러져 내린다
흙탕물이 위험 수위를 육박한 중랑천
둔치에 몰려나온 까마귀 떼
젖은 날개를 말리며 허기를 채운다
차들은 또 습관처럼 와이퍼를
작동하며 푸른 신호를 기다리고

아직 보여주지 않는 얼굴

잠시 도시를 흔들다 가는 투명한 손을

아무도 궁금해 하지 않으며

회귀
— 미명의 중랑천에서

태풍은 끝내 도시를 비켜가고
까닭 없이 창문만 흔들리는 간밤
잠을 설치다 깬다
내 나이만큼 철계단을 헤아려 내려가면
중랑천 둔치, 그 무법의 빈터에
해바라기꽃 제 무게에 겨워
고개를 떨구고 있다
잡초 숲에 기대어 한뎃잠을 잔
빈 페트병 하나 뒤치락거린다
과즙을 비워 주고 헛발질에 채여
사막을 건너온 낙타의 등처럼
찌그러진 몰골, 그 공복 깊이
고인 어둠을 한밤 내내 길어 올리던
야행성 풀벌레 울음 그치고
중랑천 물소리 숨을 죽인다
어디선가 우우우 들려오는 낮은 비음
언젠가 등 돌리고 떠난 얼굴들
이슬에 젖어 돌아오는 코스모스 행렬

여울에 잠겨 풀리고 있는

아침놀보다 더 붉은 꽃 그림자

어떤 소멸

 가끔씩 산안개 자욱하게 피어오르고 철 따라 꽃잎을 흘려보내 오던 입산금지 구역 산골짜기 징용 갔다 돌아오는 아버지 봉두난발처럼 어지러운 가시덤불을 헤치고 물줄기를 거슬러 오른다 산도 내 그림자도 홀연히 지워지는 무법 지역을 지키고 다스리는 이 누구 바위 벼랑을 기어올라 막장에 이르러 고목 등걸에 걸터앉는다 어머니 앞치마처럼 누덕누덕 삭은 껍질 속으로 파고드는 불개미 떼의 행렬 뿌리 내린 어린 풀꽃을 키우는 다공질의 뼈 삐그덕 부서지는 소리가 온 산중의 고요를 흔든다 지나던 구름이 놀라 성급히 산 능선을 넘자 칡덩굴이 새순을 키우고 보랏빛 꽃을 피워 흉물스런 주검을 덮어 가리고 있다

감전

일만 개 달이 뜨고
사금 일는 소리, 멀리
가까이 들리는
도봉산 골짜기
손거울만큼 열린 웅덩이
얕은 물에 겨우
피멍든 발 때 절은 손
담근다 뼈를 찌르는
새벽 시린 물소리
일만 볼트 고압 전류
포위망을 뚫고 나온
탈주범처럼 남루한
산벚나무 고목
별 헤아리느라
무성히 돋운 잔가지
지우는 한 무리 별똥에
놀라 푸른 허공을 건너
귀가하는 가재 일가

나무들의 풍장

나무들은 죽어서야 비로소 말문을 연다
관명도 성명도 흐릿한 묘비가
지키는 왕족 후예들의 무덤
아래, 기우는 해나 잠시 기웃대다 가는
비탈에 유기된 나무들 주검
연둣빛 잎 피워 그늘을 넓히고
꽃으로 단장하고 노래하던 낙천주의자
그 거친 껍질 속에 속앓이 흔적
겹겹으로 숨겨 놓았다니, 비바람에 썩고
씻기면서 더 도드라진 고행의 문양
상처 스스로 다스리던 자리마다
단단하게 맺힌 캣츠아이 보석
뒤틀린 옹이가 향기롭다
뽑힌 뿌리를 두드리면
하늘 떠받치고 한 생애를 지킨 침묵
깊은 쇠북 소리로 깨어난다
죽어서도 편히 묻히지 못한 상것들
상주도 조문객도 없는 긴 장례식에

몇 점 꽃잎을 뿌리고 가는 바람

영원으로 넘어 가는 길이 너무 멀다

불개미 떼 파고들어 한창 성찬 중인

나이테와 나이테 사이, 뼈와 뼈 사이

그 정교한 문법을 따라 물결치는 상형문자

해독할 수 없는 시간의 화석을

흙 몇 줌 뿌려 덮어 준다

새들은 높은 나뭇가지 골라

집 짓고 알 품느라 분주한 대낮에

상수리나무 그늘을 지나며

백운대 정상으로 이어지는 그 관문을
지나가려면 누구나 숨겨둔 추억 몇 닢
털어 내어 녹음 한 장씩 구입해야 한다
불볕 화살도 퍼붓는 소낙비 죽창도
여린 잎 방패들로 되쏘거나
녹여 내리는 상수리나무 요새
버려진 깡통 숨을 몰아쉬며
낙인 같은 상표를 지운다
차바퀴 파찰음에 막장까지 쫓기며
게릴라전을 벌이던 비둘기
마지막 비행을 마치고 돌아와
허무의 전리품을 내려놓고
헝클어진 깃털을 씻는다
모든 빛을 흡수하며 번식하는 어둠
속에서 사제도 없이 치루는 성례식
늦잠을 깬 상수리나무 열매
심지 돋우어 푸른 촛불을 밝힌다

이 관문을 지나면 마을 유기견들이
백운대로 올라 구름이 되리라고

밤골 자동음료판매기

밤골상회 앞마당 등 굽은 밤나무에 기대어 주야로 기다리다 주화 몇 닢만 밀어 넣으면 쪼르르 가슴 열고 한 모금씩 비우면 비우는 만큼 물소리 새소리 밤꽃 향기 개구리 합창 소리 느티나무 잎 새새로 하늘빛 덤으로 채워주는데

공짜도 유분수요
외상도 한계가 있지 않느냐
휙, 종이컵을 뒤엎고 가는 산바람

주인 노파는 보이지 않고
삐걱거리는 나무의자
누가 보내는 경고음처럼

새벽안개 지우며
은방울꽃 흔드는 소리

새벽 약수터에서

 둥근 달이 반쪽만, 뼈만 남도록, 아예 검게 타 어둠이 되도록 품어 안고 몸살을 앓던 옹달샘 물을 봐 태연히 월인천강지곡을 읊으며 꼬리를 감추고

 외롭고 맑은 물만 골라 잠입하는 달을 봐 날마다 도장을 찍어도 어디 흔적이나 있느냐 능청스레 서산을 넘고

 살 비린내 자욱한 간통 현장을 목격한 나무들 그린벨트 지역에서 그건 범죄가 아니라고 우리도 모두 그들의 사생아, 상습적인 공범이라고 묵비권만 행사한다

 물 달 몸통은 보이지 않고
 계곡은 오리무중
 ㄹ ㄹ ㄹ ㄹ 종성만
 깨진 플라스틱 국자에 고인다

밤골 사투리

원통사로 오르는 등산로 길목
밤나무는 아직 염불을 못한다
속을 비우며 향기나 피워 올리고

쇠줄에 목이 묶인 채
밤골식당 앞마당을 맴돌던 개
가끔씩 천수답에 잠든 맹꽁이 떼나 깨워
경전에 없는 경을 읊어보라 청하고

아궁이에 장작불을 지피던 노파
고깃덩어리 산채구름 바람소리 함께
가마솥 속에서 살을 풀며 설설
끓다 보면 제 맛을 낼 거라고
닳고 닳은 부지깽이 두드린다

물줄기 따라 하산한 돌들
부딪히고 구르다 깨어진 상처
훈장처럼 보여 주며 아직도

물살에 씻기고 있다

아무도 원통사 이르는 길을
제대로 일러 주지 않는다
문법도 없는 밤골 사투리로
희미한 설법을 한다

눈꽃

이제 아무도 별이라 불러 줄 이도
천체망원경 초점을 맞출 이도 없는 행성
백과사전에 이름마저 지워질 명왕성
하얀 속살을 마지막 털어낸다
무수히 새들을 쏘아 보내며
연가를 부르다 지친 빈 숲
잔가지 끝까지 낱낱이 헤아린다
억 광년 멀리 어둠 속을 떠돌면서도
다 듣고 보고 있었다고
답신이 늦었다고
뜨거운 눈물도 오래 참으면
시린 꽃으로 핀다고
어둠을 헤집고 내려온 밀어
허리 꺾인 나무 몇 그루
오래 엎드려 절하고 있다

양동역*

산골을 빠져나온 화물열차가
낡은 실로폰 나무건반을 울리며
잠든 추억을 깨우곤 한다
옥타브 아래로 잠겨 가는
외마디 경적 소리에
역사 지붕까지 기어오른
호박덩굴 푸른 귀
만남과 떠남이 다 한 뿌리요
결 고운 삶의 연속무늬라고
목화꽃 환한 웃음 늙은 역장
새털구름 걷힌 먼 하늘가로
푸른 깃발을 흔들어 준다
역사 처마에 늙은 어머니 젖가슴처럼
위태롭게 매달린 호박에
단맛을 더하는 한가한 햇살
아직 숲을 떠나지 못한 산비둘기 몇
빈 플랫폼에 나와 서성거리고

* 경기도 양평군 양동면 소재지에 위치한 역.

목백일홍 한 그루가
― 만수를 추모함

목백일홍 한 그루
빈 마을을 밝히고 있다
비탈밭 천수답뿐인데 지하 깊이
타다만 목탄이 매장되어 있다
강한 휘발성 수맥이 흐른다
나이도 고향도 모른 채 떠돌다
마을로 굴러들어 와 뿌리내린 칠뜨기
만수네 외딴집 허물어진 터에
갈수록 극진해지는 백일치성
돌림병에 죽은 아이들 주검 지게에 지고
뒷산 가시밭길 헤치고 넘던 벙어리
마을 대소사 뒷설거지 도맡아 하고
한 잔 술에 만월 같은 웃음을 흘리던
마을 상머슴 만수가 생전에 못한 말
에미소도 송아지 울음도 사라진
골목마다 흘러 넘친다
폭설이 길로 쌓인 그 겨울
빈 방을 지키다 홀로 간 늙은 몽달귀신

소쩍새 울음에 깨어나 조등을 밝히고
또 누구의 죽음을 지킨다
밑둥만 간질여도 전신에 간지럼 타는
목백일홍, 가지에 숨은 쓰르라미 떼
만수가 부르다만 회심곡 긴 소절
활활 길어 올리고 있다

겨울 난생 신화

식탁 위에 올라 해독을 기다리는
난해한 난생 신화들
가도 가도 뿌리내릴 틈 하나 없이
굳어버린 포장도로뿐
외발로 버티며 떠받치는 하늘은
너무 넓고 무겁다 기우뚱
기우뚱 중심을 잡는 파라솔
아래 부화되지 못한 날짐승 알처럼
온기를 잃어 가는 과일들
1000원 2000원 3000원 손때 절은
아라비아 숫자를 고관대작의 품석처럼
묘비처럼 앞세우고 바구니마다
위태롭게 탑을 쌓는 부부
봉지 가득 물소리 흙냄새를 담아 주고
수몰된 고향 사투리를 덤으로
얹어 주어도 좌판 밑에 남아 있는
미처 풀지 못한 하루치 절망
주름진 껍질에 코를 대고 귀를 열던

달님도 성급히 구름 뒤로 숨고
아파트 창마다 곱던 별 차츰 이울고
후문 쪽 이면도로로 몰리는
어둠에 맞서 스스로를 태우며
달아오르는 향기로운 불씨들
그 앞니 시린 난생 신화

사추기(思秋期)
— 그녀는 수술 중

백병원은 백병원인데 왜
해조류 우거진 바다 밑처럼 검푸를까
수술실을 기웃거리던 고추잠자리
아직 푸른 칸나 잎에 불시착하여
오래 문진을 하고 있다

암 덩이처럼 단단하게 숨은 알뿌리
오래 묵어 썩고 삭으면
빛으로 넘쳐흐르는 법
향기를 피우는 법

소화불량증 앓던 향유고래가 토한
독한 용연향처럼
할머니 새벽마다 요강을 비우던
고향집 텃밭 감나무 가지에
잘 익은 홍시처럼

칸나 꽃대 그 심지 끝마다

뒤늦게 타오르는
눈 시린 선홍빛 불꽃

천둥 번개 치고 가을비 내려
단풍잎 낭자한 백병원 뒷마당
아무 일도 없다는 듯
오래 환하다

냄비를 닦는다
— 선친 25주기를 맞아

눈먼 바람이 침실 넘보는 밤
벽장 속에 밀쳐 둔 양은냄비
아버지 부끄러운 유품 닦는다
시모노세키 조선공장 징용자 기숙사에서
묽은 죽 몇 모금에 눈물로 간을 맞춰
냄비보다 깊어지는 허기를 달래던 조센진
구슬땀에 찌든 얼굴을 닦는다
귀국선 기다리며 부둣가에서 또 삼 년
이슬에 젖고 달빛을 끌어 덮고
웅크려 새우잠을 자노라면
갈매기 울음 거친 파도 소리
따라 울던 울림통
짓밟힌 조선
가뭄 타는 문전옥답
부모 형제 짓무른 눈자위
뼈 찌르는 해풍에 뒤척이는 당신
한 장 거적으로 다 가리지 못한
야윈 어깨 무릎 관절이 삐걱거린다

장마전선이 북상한다는 마감 뉴스 끝나고
손가락 끝에 힘을 더하여
겹겹 그을음 손때를 벗긴다
하얗게 살아나는 당신의 침묵
긴 세월 차마 녹슬지 못한
십년 징용의 하루하루
일만 냄비 짜디짠 눈물

밤낚시

백발노인이 낚시질을 한다
흐린 물속으로 자맥질하던 철새 떼
둥지를 찾아 떠나가 한가한 한강
둔치에 웃자란 잡초 숲으로 물소리
소란히 젖어 드는 한가위 전야
노인은 연신 낚시에 떡밥을 꿴다
— 고기 많이 낚으셨나요
물어도 묵묵부답
기우는 북두칠성 맨 첫 자리에
가끔씩 야광찌 깜박거릴 뿐
낡은 봉분처럼 둥근 만삭의 달
수심 깊이에서 비린내를 풍긴다
어디에도 정박하지 못한 노인의 삶처럼
부유하는 스티로폼 몇 조각
달빛에 하얗게 빛난다
노인은 또 낚싯대를 휘둘러
더 깊이 멀리 낚시를 던져 넣는다
댓돌 위에 두고 온 고무신
가물가물 잦은 입질을 한다

제3부

칭다오(青島) 여담 · 1
— 아침을 지으며

하반신이 물에 잠긴 채
바다 쪽으로 허리가 휘어 있다
청도공산당교 교정 연못에
겨우내 군무를 추던 갈대 숲
그 여린 몸짓으로도 걷히는 해무

재활용 쓰레기 내놓아라
늙은 넝마주이 고함 소리 멀어져 간
골목 끝에서 외발수레 바퀴 자국
더듬어 오르막길을 올라오는
평등한 햇살

빨랫줄에 거꾸로 매달려
시린 어둠을 떨어내느라
목이 길어진 양말 올 새새로
스미는 새 떼 노래 소리
성조가 분명한 아침 인사에

성급히 늦은 아침을 짓는다
플라스틱 바가지 밑에 가라앉는 빛 알갱이
한 줌 다시 일어 안치고
베란다에 흥건한 해풍을 길어 붓고
압력 밥솥에 코드를 꽂는다

칭다오 여담 · 2
— 화석루(花石樓)*

바위 절벽을 두드리다

지쳐 돌아가는 파도 소리

조국도 깃발도 칼도 버리고

한 점 티끌만한 섬 대만으로

날개 부러진 갈매기 되어

주인은 떠나고 빈 나무의자

흐린 무늬를 읽고 있는

겨울 하오의 햇살

요새 같은, 유곽 같은 화석루

뒤뜰, 말랑한 해와 달을 수평선

너머로 받아넘기던 정구장에

잡목들 우거져 키를 재는데

미처 지지 못한 나뭇잎들

유람선 고동 소리에 귀를 세운다

부귀공명도 지천에 밟히는 돌이라고

향기롭게 피었다 지고 마는

꽃 같은 것이라고

花石樓 花石樓

해송 숲을 흔드는 짠 바람

* 청도시 해변가에 있는 5층 석조 건물로 모택동에게 패하여 대만으로 떠나기 전 국민당 당수 장개석이 머물렀다고 하는데 현재는 관광객과 결혼 기념 촬영을 하려는 예비 신혼부부들의 발길이 줄을 잇고 있다.

칭다오 여담 · 3
— 운문산(雲門山)*에 올라

길은 끝내 바위 절벽

비좁은 운문(雲門)에 이르렀다

이빨이 다 삭은 짐승 마지막

울음 같은 거친 바람 소리뿐이었다

일만 계단을 밟고 올라온 구름은

산정에 위태롭게 자리 잡은 도교 사원

용마루 위에서 머뭇거리다 흩어졌다

황사 자욱한 산 아래

들녘엔 복숭아꽃 한창인데

칭조우(靑州) 시립박물관 분수대 물 깊이

박제된 시간이 겹겹 잠겨 있는데

바위 틈에 한 줌 흙을 움켜잡고

뿌리가 뽑힐세라 몸부림치는 나무들

허공에 기댄 채 서편으로 기울었다

눈 부릅뜬 옥황상제 무릎 아래서

스스로를 태우며 재를 떨구는

향 한 묶음, 향불 연기

길은 끝내 운문을 지나며 지워지고

* 중국 산동성 칭조우시(靑州市) 근처에 있는 5백여 미터 높이의 산. 정상 가까운 바위 절벽에 천연적으로 굴이 뚫려 있는데 이를 운문(雲門)이라 한다.

칭다오 여담 · 4
— 웨이팡(濰坊) 국제 연날리기 대회

누구나
울안 어둑한 어느 한 구석에
물고기 한 마리쯤 기르고 있다
날짐승 한 마리쯤 키우고 있다
아지랑이 어지럼 타는 봄
웨이팡시(濰坊市)* 근교 낮은 언덕에
취타대 요란한 연주가 끝나자
한 뭉치씩 그리움의 실꾸리 풀어
오색 연을 날린다
눈이 멀고 귀가 잘린 채
스스로 균형을 잡으며 바람을
따라나서는 그 가벼운 몸짓들
늑골이 앙상하게 드러나도록
비울 것 다 비우면
희미한 등불 내걸고 기다리는 님을
만나리라, 정든 마을이여 안녕
산 넘고 물을 건너

사라지는 그 긴 꼬리들

* 중국 산동성에서 두 번째로 큰 도시로 청도에서 약 150km 떨어진 곳에 있는데, 근교에서 해마다 국제 연날리기 대회가 열린다. 이때는 중국 국내는 물론 세계 곳곳에서 연날리기 애호가나 관광객들로 인산인해를 이룬다.

칭다오 여담 · 5
— 말을 버리고, 소맥도(小麥島)*에서

청도대학교 외국인 숙소에

함께 머물고 있던 원어민 강사들

한국 러시아 프랑스 스페인 미국

남아프리카공화국 일본 독일

모국어를 모두 버리고 좁은 길을

함께 걸어가 소맥도 주민이 되었다

절벽 위에서 파도 소리 엿듣다

아득한 수평선만 바라보았다

어선들이 돌아와 부두 가득

먼 이방의 언어들을 부리는 동안

우리는 입과 귀를 닫은 채

해풍에 부표처럼 출렁거렸다

허공을 맴도는 갈매기 떼

판토마임을 바라보고 있었다

한라산 호텔 마당 파라솔 아래서

맥주 잔 가득 웃음을 따라 주고

별빛을 섞어 마셨다 말을 버리고

늦도록 말잔치를 벌였다

* 청도시 해안 가까이에 있는 작은 섬인데 현재는 좁은 길로 연결되어 있다.

칭다오 여담 · 6
— 모택동공원*

개복숭아꽃 한창이다

영웅은 가고

그 이름만 남은 모택동

공원 음지에 숨어

겨울을 지낸

여린 가지마다 흐드러지는

저 붉은 웃음

능선 너머 신개발 지구

울창한 아파트 숲 어귀

백사장엔 파도가 몰려와

시절을 묻는데

삭풍에 긴 노래를

실어 보내던 개복숭아

이념도 간자도 모르는 인민들처럼

야윈 몸짓으로

얼어붙은 석 자 땅 속 깊이
잠든 지열을 길어 올려
온 동산을 밝히고 있다

* 청도시 공산당 간부의 교육 기관인 공산당교 뒤에 있는 작은 동산의 명칭이다. 해송과 아카시아를 비롯한 각종 초목이 우거진 동산 정상에는 작은 누각이 있는데 바다와 청도 시가지를 한눈에 내려다볼 수 있다.

칭다오 여담 · 7
— 어떤 만남

복숭아꽃 살구꽃 피고 있었다
JUSCO*에서 먹거리를 사 들고
시내버스를 기다리고 있었다
— 아저씨, 한국에서 왔디요?
— 어떻게 알았나요?
— 저 안에서 물건 사는 것을 봤디요.
배가 고파 나왔는데
배가 고파 죽겠다
손을 내미는 낯선 사내, 누가 볼세라
지폐 몇 장 쥐어 주고 돌아섰다
죄라도 지은 양 거듭 머리 꾸벅이며
눈물을 글썽이며 돌아서는 함경도 말씨
등이 한반도처럼 굽어 있었다
버스 창 너머로 자꾸만 돌아보았다
6·25 때 의용군 끌려가서는
오지 않는 삼촌의 안부를
알지도 몰라, 혹시 함경도 산골
그 이웃 어디쯤 살고 있을지도 몰라

샹강로 자욱한 안개 속에

까치 떼만 자리를 옮기며

깍깍 우짖고 있었다

* 청도시 중심가 샹강로에 일본 자본으로 세운 대형 쇼핑몰로 그곳에 사는 10만 명 내외의 한국 교민들에게 필요한 김치, 삼겹살, 고추장, 된장 등 먹거리를 파는 코너가 있다.

칭다오 여담 · 8
— 안개, "나는 매일 죽는다"(사도 바울)

육지와 바다의 경계 지역엔 자주
선전 포고도 없이 안개 군단이 몰려온다
탈주를 꿈꾸다 끝내
하나 둘 쓰러져 눕는 나무들
엎드려라, 잠들어라, 자멸하라
겹겹 수의를 휘감으며
온 도시를 생매장하는
점령군들의 거대한 폭력
파도 소리도 갈매기 울음소리도
가물가물 사라져 버린다
빌딩 꼭대기 피뢰침 위에서
빛나던 별들도 함께 잠들고
모든 길들이 지워지고 있다
이 빛과 어둠의 전선에서
어둠의 포로가 된 이들만
온전히 죽음을 선택한 이들만
한 마리 새로 부화하여
날아오를 것이다

자명종보다 먼저 깨어

새로운 노래를 지어 부를 것이다

오래오래 전선을 지키는 안개

칭다오 여담 · 9
— 도교 발상지에서

라오산(嶗山) 정상으로 가는 길을

벗어나 일방통행로를 따라간다

향불 연기에 싸여

눈을 부릅뜨고 기다리는 옥황상제

아름드리 측백나무 가지 사이에

뿌리를 내린 이름 모를 나무

서로 한 몸이 되어

밀려오는 구름을 쓸어내고 있다

가문 날 천수답 한구석

웅덩이로 몰린 올챙이 떼처럼

등을 밀고 앞을 다투는 나그네들

동전 몇 닢 물에 잠그며

살아 갈 길을 점치는 동안

미니스커트를 입은 여행 가이드는

목이 쉰 채 깃발을 흔든다

도교 사원 문턱을 넘지 못한 파도

물심일여(物心一如) 허정무위(虛靜無爲)

낡은 경전 한 구절을 외우다

거품을 남기고 썰물져 가고
라오산 정상의 하늘만 높푸르다

칭다오 여담 · 10
― 석화(石花)

비좁은 방에

온 바다를

모두 끌어들여도

또 빈자리뿐

수평선 너머 어둠까지

어둠이 싹 틔우는 별빛까지

품어 안고

오래 출렁인다

만성이 된 이 배앓이로

향기도 없는 꽃

오색 무지개 피운다

해변가 돌 틈에 숨어

실눈을 뜬 채

만조를 기다리다

돌이 된다

칭다오 여담 · 11
— 곡부(曲阜) 가는 길

대오를 잘 맞춘 포플러

푸른 군졸들 열병을 받으며

지평선 넘고 넘어 기원전 5세기

공자의 고향 곡부로 가는 길

고속도로 반대 차선엔

대형 컨테이너 박스를 실은 화물차

어느 항구로 가고 있다

가도 가도 푸른 옥수수 이랑

물결치는 들판 한가운데

붉은 기와집 농가 마을엔

공맹도 개방도 모르는 문맹의 노새

오수를 즐기고 있겠지

앞서가는 화물트럭 독극물 탱크에

해골 표지 선명한데

제자백가 태어난 제나라 땅을

과속으로 지나는 관광버스 차창에

어른거리는 공자님 턱수염

칭다오 여담 · 12
— 부산(浮山)

깎기고 가벼워져

1만 리 수심 헤치고

떠오른 부산 산정

무너질 듯 날아오를 듯

높다란 석탑, 그 지극한 치성

번갈아 불어가는 해풍과 육풍에

아직도 씻기고 있다

산불 감시초소의 풍차는

풍향을 찾고 있다

망원경 렌즈를 닦아

천기를 살피던 늙은 산지기

수평선 너머로 지워져 가는

파도를 굽어보며 휘이휘이

나는 법을 이미 잊은 산닭들을 쫓는다

사자와 마지막 이별을 한 유족들

시신을 태운 재를 나무 아래

뿌려 두고 하산하고 나면

산정을 자욱이 휘감은 안개

속에서 구음(口音) 외는 소리
낯선 새 떼들 깃 치는 소리

칭다오 여담 · 13
— 부산(浮山) 산정의 초롱꽃

희미한 꽃등 하나로 길이 환하다

아무도 올라온 길 되돌아보지 않고

아무도 갈 길을 살피지 않는다

산 능선 바위틈에 뿌리를 내리고

가파른 산길 길목 지키는 초롱꽃

눈을 뜨고 눈이 어두워

부딪히고 깨져 피가 흐르는

등산객, 뼈가 어긋나고 부러져도

아픔도 슬픔도 모르고 서두는

그 문둥병의 대낮

무시로 부는 황사 바람에

맞서 심지를 돋우는 스피노자

멀리 굽어보는 산 아래 마을

스스로 왕관 화관 만들어 쓰고

몰래 뿔을 키운다는 풍문

안개로 피어 자욱한데

종을 흔들다 별로 돋아

초롱거리는 빈 영혼들

칭다오 여담 · 14
— 얼후(二胡)* 타는 걸인

낡은 얼후를 타고 허공으로 날아간다
지방 특색요리 간판 즐비한
민장로 입구 벚나무 그늘에
성주처럼 터를 잡은 늙은 악사
닳고 닳은 옷소매 해진 바지 때 절은
손가락으로 두 줄 더듬어
숨 가삐 라오산(崂山) 암벽을 오른다
지그시 활을 눌러 당기며
밀며 노신공원 앞 바다 건너
뛰어 무인도 지나 썰물에 쓸려
은멸치 떼 따라간다 빠르게
느리게 이어지는 한낮의 환상곡
울림통 속에 고인 어둠도
하수구를 흐르던 폐수도 맑은
봄바람 되어 흘러넘친다
악보도 반주도 없이 눈감고
먼 수평선 위 해무 속을 떠돌다
돌아오면 깡통에 구겨진 몇 잎 지폐

낮달이 눌러 앉아 쉬었다 간

벚나무 가지마다 휘어지도록

매달려 핀 향기로운 은전들

* 중국의 전통 현악기로 한국의 해금과 크기와 모양이 흡사한데 금속으로 된 두 현을 활로 타서 매우 높은 음을 낸다. 중국 전통 음악을 연주할 때는 비파와 함께 이 악기가 꼭 등장한다.

칭다오 여담 · 15
— 추수기

빈 식탁에 불시착한 방아깨비

덩더꿍 방아를 찧는데

넓은 대륙에 경작할 전답

한 평 없이 세 들어 사는 이방인

거두어들일 것은

모택동공원 오르는 산길에

산초나무 가지 끝에 산새 떼 쪼아먹다

남겨 둔 산초 몇 알

빈 가지 흔드는 해풍, 성난 파도

재우며 고기 떼 쫓다 지친

갈매기 깃털

산초 깨물어 보면

먼 고향 어둠 속에 종짓불

깜박거린다 조바심에 어머니

가시덤불 헤치고 온 산 헤맨다

자지러지는 방아타령에 돌길이 식어 가고

혀끝을 찌르는 아릿한 산초향

입 안 가득해지는 독한 추억

칭다오 여담 · 16
— 밤, 아침을 마련하며

아이는 야간 자습실 가고
외국인 숙소 2층까지 기어오른 담쟁이
귀를 세우고 방안을 기웃대는
청도의 밤, 책을 덮어 밀쳐 두고
미리 아침을 준비한다
지구 대척점까지 밑바닥에 굴이 뚫렸다는
월든 호수, 얼음장 뚫고 실꾸리 풀어 넣던
근본주의자 소로우
사금을 일어 보릿고개 넘던
가난뱅이 내 아버지
우주여행 가서 별이 되어버린
초등학교 여 선생
광속으로 달려가 시간의 발목을 잡은
상대성 이론가 아인슈타인
그 낯선 손님들이 성큼
들어와 앉는다 내 서툰 손놀림을
지켜본다 외국어로 말을 건넨다
푸른 등 모두 안개 속에 잠든

청도의 밤, 흙 묻은 토란 알뿌리를
한 겹 벗길 때마다 하얗게 드러나는
아침의 아린 속살

칭다오 여담 · 17
— 선상 낚시

미친 바람에
바다가 흔들리고
하늘이 흔들리고
15톤 목선이 흔들리고
흔들려 태공은 배 멀미를
견디다 못해 구토를
한다 낚시를 던져두고
지쳐 눕는다 아예
교주만이 통째로 흔들리고
멀리 아파트 숲이 흔들
흔들 선주는 신이 나서
연신 낚싯줄을 감아
고기를 낚아 올린다
닻줄이 끊어질 듯
배가 뒤집힐 듯
흔들리는 날엔
함께 흔들려야 한다
술이라도 취해 보라 흔들
흔들 백주 대낮에
백주 잔을 건넨다

칭다오 여담 · 18
— 갈매기

청도 해안 바위 절벽에
사글세 들어 살던 갈매기
에미 없이 새끼를 기르던
둥지 비우고 떠나가야 한다
낡은 어선들 닻을 올리는 밀물 때
어둠을 지키던 등대도 꺼지는데
파도에 취해 파도를 베고
새우잠 자던 밤 어둠을 지우고
가야 한다 밀려 왔다 밀려가는
파도를 따라 섬을 떠나야 한다
능선에 초롱꽃 빛나던 부산을
두고 냄비 가득 끓던 민장로 설화를
두고 수평선 너머 먼 바다로
또 가야 한다 야윈 몸을
깨우고 신경통 깊어진 날개를 펴
자욱한 안개 속으로 날아가야
한다 어디 낯선 무인도 난파선
한 조각 기다리고 있을지도 몰라

알 수 없는 곳에서 순풍이 불어올지도
몰라 광풍에 수장될지라도
청도를 떠나야 한다 갈매기
삼삼오오 비행을 연습한다

칭다오 여담 · 19
— 양가촌(楊家村)에 가서

옥수숫대 마른 뼈 서로 기대고
묶인 채 눈밭 속에 잠이 깊은 마을
버스로 댓 시간 흙길 시오 리 길
웨이팡시구(濰坊市區) 양가촌(楊家村)에 닿았다
늙은 암소 늦둥이 송아지에게 젖 물리고
지평선을 되새김질하고 있었다
오욕칠정 우거져 출렁이던 평원
태초인 듯 종말인 듯 눈에 덮여 있었다
청도대학 한국어과 여학생의 부모
흙 묻은 손으로 연신 녹차만 따라 주었다
우리네 침묵보다 더 깊은 찻잔
속에서 모람모람 김이 피어오르고
붉은 기와집 처마 끝에 고드름
몰래 길어 가는 하오
사람의 만남에 무슨 말이 필요하냐
바다를 건너온 나그네에게 까치 떼만
억센 사투리로 인사를 건넬 뿐
잃어버린 유년의 일기장 행간 같은 골목

낯선 발자국을 지우며 폭설 내리는데
폐교가 된 인민소학교 개조하여
문을 연 개신교회 정문에 선명한
聖誕祝賀 天主降臨

칭다오 여담 · 20
— 표돌천(趵突泉)*

떨어진 꽃잎 잦아드는 물은

사라지지 않고 다시 살아난다

공자 맹자 순자 묵자 이백 두보 백거이

왕희지 편작 손무 제갈량 제왕 노왕 진시황

한낱 골동품이 되어 묻힌 산동성

수도 제남시(濟南市)에 가보면 안다

개방의 열풍에 키를 재는 고층 빌딩들

그늘에 푸른 대나무 숲

잿빛 하늘에 측은지심(惻隱之心)

인의예지(仁義禮智) 예서체 연습하자

지하로 흐르는 맑은 물길 스스로

용트림하며 솟아나는 표돌천

아래 잠든 춘추전국의 숨결을 찾아

모인 금붕어 떼가 금빛 역사

다시 그리다 흩어진다

* 산동성의 수도 제남시는 샘이 많아서 천성(泉城)이라고도 불리는데 그곳의 천성광장 북쪽에 있는 샘이다. 표돌천에서 솟아나온 물은 근처의 대명호로 흘러든다.

칭다오 여담 · 21
— 윤동주 시인 생가에서

시인은
살아서는 부끄럽고
죽어서는 춥다
광개토대왕의 호령 소리도
홍범도 장군의 기침 소리도
윤동주 시인의 무덤도
눈에 덮여 잠이 깊은 북간도
용정시 명동촌엔 농가 스무여 호
남쪽으로 엎드려 연기를 피웠다
옛 교회당은 외양간이 되고
높다란 장대 끝에 하얀 십자가
후쿠오카 감방 안보다 더 차가운
영하 20도 삭풍에 흔들렸다
이국의 겨울 햇살만
부재중인 주인을 찾느라
안방을 기웃대고 있었다
지름길을 두고 뱃길 수만 리
에돌아온 일행은 마당에서

하 하 하, 기념사진만 찍었다
시인의 무덤엔 눈길이 험하여
올라가 보지 못하고

칭다오 여담 · 22
― 이보화(一步跨)*에서

한 걸음 크게 건너뛰면

평안북도 신의주 땅인데

두 다리가 너무 짧다

중국인 노점상에게 군밤

한 봉지 사서 껍질만 깐다

한 겹만 벗기면 속살인데

손톱이 너무 무디다

목구멍에 걸린 떫은맛

이보화 개울가 양쪽에

갯버들만 서로 뒤엉킨 채

눈발을 맞고 있다

개울을 덮은 눈 위에

국적도 모르는 새 떼들

발자국이 어지럽다

초병도 철조망도 없는데

가이드가 서둘러 돌아가자 한다

점심은 특식으로 압록강 가

평양식당에서 먹는다고

버스 창문을 때리며

아우성치는 눈발

* 압록강 가운데 있는 북한의 우적도와 폭 4m의 개울 하나를 사이에 둔 중국의 국경 지대 마을 이름. 이보화란 명칭은 한자로 '일보과(一步跨)'로 양국의 국경이 된 그 개울 폭이 좁아 한 걸음이면 건너갈 수 있다는 의미를 갖고 있다.

| 후기 |

  2004년 제4시집 『어느 클라리넷 주자의 오후』를 낸 후 7년이 지났다. 돌아보면 그동안 참으로 많이 걸었나 보다. 그 시집을 낸 직후 연구년을 맞이하여 중국 산동성 칭다오시에 있는 칭다오대학교 한국어과의 초빙교수로 한 해를 보냈다. 모처럼 일상을 벗어나 자유를 누리며 산과 해안을 매일 걷고 간간히 산동성 일대를 비롯한 중국의 여러 곳을 여행하였다. 1990년대 들어서서 죽의 장막을 걷고 개방을 시작한 중국이라 아직 산업화가 본격적으로 이루어지지 않아 다행이었다. 인구 1천만 가까운 국제도시 칭다오에 있는 내 숙소 앞마당에 초등학교 시절 고향에서 보던 반딧불이가 날아다닌다니…… 시간을 3, 4십 년 되돌려 살면서 지은 것들이 '칭다오 여담' 연작시들이다.
  귀국한 이후에는 3년 가까이 거의 매일 새벽마다 집 근처에 있는 도봉산을 올랐다. 너무 무리한 탓인지 등뼈가 어긋나 한 달 남짓이나 입원하여 치료를 받기도 했다. 퇴원하여 산을 오르는 대신 중랑천을 걷고 또 걸었다. 그리고 해마다 집에서 멀지 않은 근교에 주말농장을 빌어 채소를 몇 이랑 가꾸기도 하였다. 깊은 산골에서 농부의 아들로 태어나 자라고 초등학교 시절 왕복 4십 리를 걸어 학교를 오가던 무지렁이의 피가 아직도 남아 흐르고 있을까. 가슴 밑바닥에 있는 기억의 원형들이 나를 자꾸만 흙과 풀 냄새 향기로운 변방으로 이끌었는지 모른다.

걷는다는 것은 나에게 절대자를 향한 기도이자 몸과 마음을 다스리는 구도의 방식이었던 것 같다. 날로 속도를 더하며 화려해지는 도시의 포장도로를 벗어나 흙길을 밟으며 자연을 접하다 보면 야릇한 희열을 맛보게 된다. 온몸으로 스며드는 자연의 숨결, 말로 다 형용할 수 없는 어떤 힘에 중독된다는 것은 행복한 일이었다. 헤르만 헤세(Herman Hesse)가 노벨상을 탄 후 울안에 마당밭을 가꾸며 글쓰기에 전념한 까닭도 알 것 같았다. 헤르만 헤세는 주위에서 마당밭 노인이라고 비웃었으나 결코 울타리를 벗어나지 않았는데 그때 쓴 작품들이 아직까지 세계인의 가슴을 울리고 있다. 그는 그곳에 깃들어 자라는 풀 한 포기, 벌레 한 마리에서 우주의 질서를 발견하는 기쁨 때문에 대문을 잠가두었으나 외롭지 않았다고 고백하였다.

아직은 현실을 두고 칩거할 수 있는 형편이 못되는 나는 그렇게라도 헤세의 흉내를 낼 수밖에 없었다. 명예와 부와 편리함을 좇아가는 시대의 풍조를 벗어나 참된 나를 만나고 나와 인연을 맺고 있는 존재들이 숨기고 있는 참된 빛을 찾기 위해……. 대로를 벗어나 흙길을 걷는 것은 디지털 시대에 접어 든 현실을 외면하고 역행하는 일인지도 모른다. 그러나 그것은 창조주와의 관계를 회복하고 진정한 나로서 존재하며 이웃과 참된 만남을 이루고 자유를 누리는 길인 것 같다. 어느 문명의 이기도 풀 한 포기를 만들어 키울 수 없는데 이 시대의 우리들은 디지털의 힘을 비판 없이 믿고 맹종하고 있다는 생각이 든다. 오늘 인류가 당하는 모든 비극은 자연 속에 숨은 창조주의 사랑과 질서를 역행함으로써 비롯된 것이리라.

나는 진정한 나를 어둠 속에 버려두고 살고 있을 뿐만 아니라 내가 찾고자 하는 빛은 늘 어둠에 가려져 제 얼굴을 다 보여주지 않는다. 흙길을 걸으며 거둔 시의 열매들 속에 그 어둠의 참된 얼굴, 생명의 빛이 살아 있으면 오죽이나 좋으련만 아직도 내 눈은 너무 어둡다. 빛이 밝아올 때까지 날마다 거듭나기 위해 외진 길을 더 걷고 걸어야겠다.

2011년 중랑천 변에서